第一部分　实训任务单

项目一　发动机总体构造与维修基础知识 ·· 3
　任务单 1-1-1 ·· 3
　任务单 1-1-2 ·· 4
　任务单 1-2-1 ·· 5
　任务单 1-3-1 ·· 6
　任务单 1-4-1 ·· 7
　任务单 1-4-2 ·· 8

项目二　配气机构构造与维修 ·· 9
　任务单 2-1-1 ·· 9
　任务单 2-2-1 ·· 10
　任务单 2-3-1 ·· 11
　任务单 2-4-1 ·· 12
　任务单 2-4-2 ·· 13
　任务单 2-5-1 ·· 14
　任务单 2-6-1 ·· 15
　任务单 2-6-2 ·· 16

项目三　曲柄连杆机构构造与维修 ·· 17
　任务单 3-1-1 ·· 17
　任务单 3-2-1 ·· 18
　任务单 3-3-1 ·· 19
　任务单 3-4-1 ·· 20

项目四　电控汽油喷射系统构造与维修 ·· 21
　任务单 4-1-1 ·· 21
　任务单 4-2-1 ·· 22
　任务单 4-3-1 ·· 23

项目五　电控柴油机燃油供给系统构造与维修 ·· 24
　任务单 5-1-1 ·· 24
　任务单 5-2-1 ·· 25
　任务单 5-3-1 ·· 26

项目六　冷却系统的构造与维修 ·· 27
　任务单 6-1-1 ·· 27

任务单 6-2-1 28
任务单 6-3-1 29
任务单 6-4-1 30

项目七 润滑系统的构造与维修 31
任务单 7-1-1 31
任务单 7-2-1 32
任务单 7-3-1 33

项目八 发动机装配、磨合与试验 34
任务单 8-1-1 34
任务单 8-2-1 35

项目九 发动机异响故障的诊断与排除 36
任务单 9-1-1 36
任务单 9-2-1 37

第二部分 复习思考题

项目一 复习思考题 41
项目二 复习思考题 44
项目三 复习思考题 47
项目四 复习思考题 50
项目五 复习思考题 52
项目六 复习思考题 55
项目七 复习思考题 57
项目八 复习思考题 59
项目九 复习思考题 61

第一部分　实训任务单

项目一 发动机总体构造与维修基础知识

任务单 1-1-1

班组名称		实训地点		实训时间	
任务名称	采集汽车发动机技术信息					
车辆牌号	车型	发动机型号	型号说明	性能参数	责任人
苏F＊＊＊23	Magotan 17款	CUFA	4缸直列	M_e: P_e: g_e:	
学生小结	通过本次实训知道了_____ _____ ； 掌握了_____ _____ 。 在_____ _____方面，还要努力。				
指导教师点评					

填写人：_____

任务单 1-1-2

班组名称		实训地点		实训时间	
任务名称	通过气缸压力检测对汽车发动机技术状况做出评价					
VIN 码		发动机型号		出厂时间	
检测工艺步骤	1）将发动机热机到_____℃后熄火，拆下相关附件和全部火花塞。 2）把_____表的锥形橡胶接头压紧在被测缸的_____孔内，或把_____接头_____火花塞孔上。 3）用_____曲轴旋转3~5s，指针_____读数。每缸测量不少于两次，每缸结果取_____值。（标准值：_____ kPa）				

气缸序号	1	2	3	4
缸压/kPa				
检测结果判断				

原因分析	导致_____缸压下降的原因：_____。
学生小结	通过本次实训知道了_____; 掌握了_____。 在_____方面，还要努力。
指导教师点评	

填写人：_____

任务单 1-2-1

班组名称		实训地点		实训时间	
任务名称	根据发动机总成实物,描述各部名称、原理和作用					
VIN 码		发动机型号		出厂时间	
对照实物写名称	1)属于配气机构的有 _____、_____、_____、_____、_____、_____、_____。 2)属于曲柄连杆机构的有 _____、_____、_____、_____、_____、_____、_____。 3)属于燃料供给系统的有 _____、_____、_____、_____、_____、_____、_____。				
回答	1)润滑系统的作用:_____。 2)压缩比 ε 大小的意义:_____。 3)发动机最佳工作温度:_____ 由哪个系统来调节:_____。				
分析	活塞处于下止点时,是什么工作行程:_____; 进、排气门同时关闭状态,是什么工作行程:_____。				
学生小结	通过本次实训知道了 _____; 掌握了 _____。 在 _____ 方面,还要努力。				
指导教师点评					

填写人:_____

任务单 1-3-1

班组名称		实训地点		实训时间	
任务名称	完成对汽车维修工具和量具的认知				
选用工具名称	用途		选用量具名称	用途	
火花塞套筒				检测气门间隙	
	按规定力矩紧固螺母		百分表		
气门拆装钳				可测内、外径和深度	
	快速、高效		刀口尺		
拉拔器				0.01 精度检测圆柱外径	
	拧转固定尺寸的螺母		量缸表		
千斤顶				检测气缸平面	
	拧转内六角螺钉		真空表		
黄油枪				同时检测电流、电压、电阻	
	拆装活塞环的专用工具		缸压表		
请回答	选用工具、仪器的原则：_____。				
学生小结	通过本次实训知道了_____； 掌握了_____。 在_____方面，还要努力。				
指导教师点评					

填写人：_____

任务单 1-4-1

班组名称		实训地点		实训时间	
任务名称	完成对我国汽车维修行业的制度与规范的认知				
问题 1	我国现行的维修制度，属于＿＿＿＿＿＿＿＿＿＿＿＿制度，规定车辆维修必须贯彻＿＿＿＿＿＿、＿＿＿＿＿＿、＿＿＿＿＿＿、＿＿＿＿的原则。				
问题 2	汽车维护与汽车修理的区别是什么？答：＿＿。				
问题 3	根据作业范围汽车修理可分为哪几类？答：＿＿＿。				
问题 4	汽车和总成大修送修标志（送修技术条件）的内含是什么？答：＿＿＿。				
问题 5	零件检验分类的依据是什么？答：＿＿。				
问题 6	零件修复的修理尺寸法与基本尺寸法的异、同点是什么？答：＿＿＿。				
学生小结	通过本次实训知道了＿＿＿； 掌握了＿＿。 在＿＿方面，还要努力。				
指导教师点评					

填写人：＿＿＿＿＿＿

任务单 1-4-2

班组名称		实训地点		实训时间	
任务名称		根据发动机故障现象，确定维修方案			
发动机型号			VIN		
故障描述					
检测过程					
维修方案				理由	
维修过程					
零件检验方法	可用零件		需修零件与修复方法		更换零件
学生小结	通过本次实训知道了_____； 掌握了_____。 在_____方面，还要努力。				
指导教师点评					

填写人：_____

项目二 配气机构构造与维修

任务单 2-1-1

班组名称		实训地点		实训时间	
任务名称	简单拆解、观察发动机配气机构，确认配气机构的类型和组成					
发动机型号	配气机构类型			气门布置形式	
说明	1）配气机构的作用：＿＿＿。 2）配气机构由哪几部分构成：＿＿＿。 3）什么是配气正时：＿＿。|				
学生小结	通过本次实训知道了＿＿＿； 掌握了＿＿＿。 在＿＿＿方面，还要努力。|				
指导教师点评						

填写人：＿＿＿＿＿＿＿

任务单 2-2-1

班组名称		实训地点		实训时间	
任务名称		发动机气门传动组的拆装与检修			
发动机型号		出厂时间		传动类型	
组员分工					
准备工作					
拆装要点（注意事项）					
零件检验记录	可用件：_____。 可修件：_____。 更换件：_____。				
学生小结	通过本次实训知道了_____ _____； 掌握了_____ _____。 在_____方面，还要努力。				
指导教师点评					

填写人：_____

任务单 2-3-1

班组名称		实训地点		实训时间	
任务名称		发动机气门驱动组的拆装与检修			
发动机型号		出厂时间		驱动类型	
组员分工					
准备工作					
拆装要点 （注意事项）					
零件检验记录	可用件：_____。 可修件：_____。 更换件：_____。				
互检点评					
学生小结	通过本次实训知道了_____ _____； 掌握了_____ _____。 在_____ _____方面，还要努力。				
指导教师点评					

填写人：_____

任务单 2-4-1

班组名称		实训地点		实训时间	
任务名称	发动机气门组的拆装与检修				
发动机型号		出厂时间		驱动类型	
组员分工					
准备工作					
拆装要点 （注意事项）					
零件检验记录	可用件：_____。 可修件：_____。 更换件：_____。				
互检点评					
学生小结	通过本次实训知道了_____ _____； 掌握了_____ _____。 在_____ _____方面，还要努力。				
指导教师点评					

填写人：_____

任务单 2-4-2

班组名称		实训地点		实训时间	
任务名称	发动机气门座圈的铰削检修与气门密封性检验			
发动机型号		出厂时间		驱动类型	
组员分工					
准备工作					
铰削检修要点 （注意事项）					
气门密封性 检验记录					
学生小结	通过本次实训知道了 _____ _____ ; 掌握了 _____ _____ 。 在 _____ _____ 方面，还要努力。				
指导教师点评					

填写人：_____

任务单 2-5-1

班组名称		实训地点		实训时间	
任务名称	发动机气门配气相位的检测和气门间隙的检查、调整				
发动机型号		出厂时间		驱动类型	
组员分工					
准备工作					
配气相位测量	缸号	1	2	3	4
	气门叠开角				
	进气相位角				
	排气相位角				
气门间隙/mm	缸号	1	2	3	4
	调整前	进：__排：__	进：__排：__	进：__排：__	进：__排：__
	调整后	进：__排：__	进：__排：__	进：__排：__	进：__排：__
学生小结	通过本次实训知道了_____； 掌握了_____。 在_____方面，还要努力。				
指导教师点评					

填写人：_____

任务单 2-6-1

班组名称		实训地点		实训时间	
任务名称		装有 VVT-i 发动机的配气机构的检修			
发动机型号		出厂时间		驱动类型	
组员分工					
准备工作					
VVT-i 的检修记录	检修项目: 检修结果:				
学生小结	通过本次实训知道了_____; 掌握了_____ _____。 在_____ _____方面, 还要努力。				
指导教师点评					

填写人：_____

任务单 2-6-2

班组名称		实训地点		实训时间	
任务名称	装有 VTEC 发动机的配气机构的检修					
发动机型号		出厂时间		驱动类型	
组员分工					
准备工作					
VTEC 的检修记录	检修项目： 检修结果：				
学生小结	通过本次实训知道了_____； 掌握了_____。 在_____方面，还要努力。				
指导教师点评					

填写人：_____

项目三 曲柄连杆机构构造与维修

任务单 3-1-1

班组名称		实训地点		实训时间	
任务名称	对照发动机曲柄连杆机构实物完成对零件、部件和总成件的认知					
发动机型号		出厂时间		驱动类型	
对照实物写名称	1）属于机体组的有 _____、_____、_____、_____、_____、_____、_____。 2）属于活塞连杆组的有 _____、_____、_____、_____、_____、_____。 3）属于曲轴飞轮组的有 _____、_____、_____、_____、_____、_____。				
拆装注意事项	1）活塞对缸壁作用力最大的行程是：_____。 2）发动机运转时，活塞作_____运动；曲轴作_____运动；连杆作_____运动。				
拆装注意事项	1）缸盖螺栓拆卸顺序是：_____；紧固顺序是：_____。 2）拆装时，要注意_____、_____、_____、_____等零件的序号和方向。				
学生小结	通过本次实训知道了_____； 掌握了_____。 在_____方面，还要努力。				
指导教师点评					

填写人：_____

任务单 3-2-1

班组名称		实训地点		实训时间		
任务名称			发动机机体的检修			
发动机型号		出厂时间		机体类型		
组员分工						
准备工作						
气缸体的检修记录	缸体基本检查				结果	
	缸体平面度				结果	
	气缸磨损检测（缸序）	Ⅰ	Ⅱ	Ⅲ	Ⅳ	结果
	圆度					
	圆柱度					
	最大磨损量					
	修理等级的确定					
气缸盖的检修记录	气缸盖基本检查：＿＿＿＿＿＿＿＿＿＿＿＿＿＿＿＿＿＿。					
	缸盖结合面的检查：＿＿＿＿＿＿＿＿＿＿＿＿＿＿＿＿＿。					
	气门座圈的检查：＿＿＿＿＿＿＿＿＿＿＿＿＿＿＿＿＿＿。					
学生小结	通过本次实训知道了＿＿＿；掌握了＿＿。在＿＿＿＿＿＿＿＿＿＿＿＿＿＿＿＿＿＿＿＿＿＿＿＿＿＿＿＿方面，还要努力。					
指导教师点评						

填写人：＿＿＿＿＿＿＿

任务单 3-3-1

班组名称		实训地点		实训时间	
任务名称		发动机活塞连杆组的检修			
发动机型号		出厂时间		机体类型	
组员分工					
准备工作					
活塞与活塞环检修记录	活塞： 椭圆度_____ 锥度_____ 磨损量_____ 活塞外观检查：_____ 活塞环三隙检查：_____ 活塞环漏光度：_____弹性：_____				
连杆与活塞销检修记录	连杆小头与活塞销配合间隙：_____ 连杆大头承孔与连杆轴承的过盈量：_____ 连杆的弯曲量：_____扭曲量：_____连杆螺栓力矩：_____ 连杆轴承与连杆轴颈的径向间隙：_____轴向间隙：_____				
学生小结	通过本次实训知道了_____； 掌握了_____。 在_____方面，还要努力。				
指导教师点评					

填写人：_____

任务单 3-4-1

班组名称		实训地点		实训时间	
任务名称			曲轴飞轮组的检修		
发动机型号		出厂时间		机体类型	
组员分工					
准备工作					
曲轴飞轮组的拆装					
曲轴与曲轴主轴瓦的检修记录	主轴承的装配过盈量：标准值（　　）；实际值（　　）。 曲轴与曲轴主轴瓦的径向间隙：标准值（　　）；实际值（　　）。 曲轴与曲轴主轴瓦的轴向间隙：标准值（　　）；实际值（　　）。 曲轴瓦盖锁紧螺栓力矩：标准值（　　）；实际值（　　）。				
	轴瓦的修理技术等级：_____				
学生小结	通过本次实训知道了_____ _____； 掌握了_____ _____。 在_____ _____方面，还要努力。				
指导教师点评					

填写人：_____

项目四 电控汽油喷射系统构造与维修

任务单 4-1-1

班组名称		实训地点		实训时间	
任务名称	简单拆解、观察发动机电控汽油喷射系统类型和组成				
发动机型号	电控汽油喷射系统的类型		系统元件组成		
说明	1）空气供给系统的作用：_____。 2）燃油供给系统的作用：_____。 3）电子控制系统的作用：_____。				
学生小结	通过本次实训知道了_____； 掌握了_____。 在_____方面，还要努力。				
指导教师点评					

填写人：_____

任务单 4-2-1

班组名称		实训地点		实训时间	
任务名称		空气供给系统的拆装与维修			
发动机型号		出厂时间		进气类型	
组员分工					
准备工作					
拆装要点 （注意事项）					
零件检验记录	可用件：_____。 可修件：_____。 更换件：_____。				
互检点评					
学生小结	通过本次实训知道了_____ _____； 掌握了_____ _____。 在_____ _____方面，还要努力。				
指导教师点评					

填写人：_____

任务单 4-3-1

班组名称		实训地点		实训时间	
任务名称	\multicolumn{5}{c}{燃料供给系统的拆装与维修}
发动机型号		出厂时间		驱动类型	
组员分工	
准备工作	
拆装要点 （注意事项）	
零件检验记录	可用件：_____。 可修件：_____。 更换件：_____。
互检点评	
学生小结	通过本次实训知道了_____ _____； 掌握了_____ _____。 在_____ _____方面，还要努力。
指导教师点评	

填写人：_____

项目五 电控柴油机燃油供给系统构造与维修

任务单 5-1-1

班组名称		实训地点		实训时间	
任务名称	简单拆解、观察发动机电控柴油喷射系统类型和组成				
发动机型号	电控直列泵燃油供给系统			电控分配泵燃油系统		
系统元件组成					
说明	1）电控供油正时调节机构的作用：_____。 2）调速器执行机构的作用：_____。 3）电子控制系统的作用：_____。					
学生小结	通过本次实训知道了_____； 掌握了_____。 在_____方面，还要努力。					
指导教师点评					

填写人：_____

任务单 5-2-1

班组名称		实训地点		实训时间	
任务名称	简单拆解、观察发动机电控泵喷嘴燃油供给系统组成				
发动机型号	电控泵喷嘴燃油供给系统的组成			泵喷嘴的结构	
说明	1）高压电磁阀的作用：_____。 2）输油泵的作用：_____。 3）手动泵的作用：_____。				
学生小结	通过本次实训知道了_____； 掌握了_____。 在_____方面，还要努力。				
指导教师点评					

填写人：_____

任务单 5-3-1

班组名称		实训地点		实训时间	
任务名称	简单拆解、观察发动机电控高压共轨式燃油供给系统组成				
发动机型号	电控高压共轨式燃油系统的组成		转子式高压油泵的结构		
说明	1）调压阀的作用：_____。 2）共轨压力传感器的作用：_____。 3）电动燃油泵的作用：_____。				
学生小结	通过本次实训知道了_____； 掌握了_____。 在_____方面，还要努力。				
指导教师点评					

填写人：_____

项目六 冷却系统的构造与维修

任务单 6-1-1

班组名称		实训地点		实训时间	
任务名称	简单拆解并对比观察发动机冷却系统类型和组成布置情况					
发动机型号	冷却类型	主要元件名称及安装位置			
说明	冷却水泵的作用：_____。 散热器的作用：_____。 冷却液温度传感器的作用：_____。
学生小结	通过本次实训知道了_____； 掌握了_____。 在_____方面，还要努力。
指导教师点评	

填写人：_____

任务单 6-2-1

班组名称		实训地点		实训时间	
任务名称	对创新型发动机热能管理系统组成及主要元件工作原理的认知					
发动机型号	主要元件名称		安装位置		
学生小结	通过本次实训知道了_____ _____; 掌握了_____ _____。 在_____ _____方面，还要努力。				
指导教师点评					

填写人：_____

任务单 6-3-1

班组名称		实训地点		实训时间	
任务名称	冷却系统主要零部件的拆装与维修				
发动机型号		出厂时间		驱动类型	
组员分工					
准备工作					
拆装要点 （注意事项）					
零件检验记录	可用件：_____。 可修件：_____。 更换件：_____。				
互检点评					
学生小结	通过本次实训知道了_____； 掌握了_____。 在_____方面，还要努力。				
指导教师点评					

填写人：_____

任务单 6-4-1

班组名称		实训地点		实训时间	
任务名称		发动机进行温度过高故障的诊断与排除			
发动机型号		出厂时间		学号	
确认故障现象	发动机在_____情况下，有_____现象。					
分析故障原因	导致_____过高的原因有_____ _____ _____。					
检修步骤	1）检查_____是否缺水；_____水管是否有泄漏现象。 2）检查发动机工作是否平稳，有无_____、_____现象。 3）检查发动机高温时，_____是否正常运转。 4）检查_____和_____工作是否正常。 5）检测温控开关性能是否_____。 6）检查上下水管_____是否过大。（温差过大为散热器芯管有堵塞现象）					
学生小结	通过本次实训知道了_____ _____； 掌握了_____ _____。 在_____方面，还要努力。					
指导教师点评						

填写人：_____

项目七 润滑系统的构造与维修

任务单 7-1-1

班组名称		实训地点		实训时间	
任务名称	简单拆解、观察发动机润滑的类型和组成				
发动机型号			润滑部位或名称		
润滑类型	压力润滑				
说明	机油泵的作用：_____ _____。 润滑系统三个滤清器的作用：_____ _____。 油压开关的作用：_____ _____。				
学生小结	通过本次实训知道了_____ _____； 掌握了_____ _____。 在_____方面，还要努力。				
指导教师点评					

填写人：_____

任务单 7-2-1

班组名称		实训地点		实训时间	
任务名称		机油泵的拆装与维修			
发动机型号		出厂时间		驱动类型	
组员分工					
准备工作					
拆装要点和装配间隙的检验	1）拆装注意事项：_____ _____。 2）主要装配间隙：_____ _____。 3）油泵试验结果：_____ _____。				
零件检验记录	可用件：_____。 可修件：_____。 更换件：_____。				
互检点评					
学生小结	通过本次实训知道了_____ _____； 掌握了_____ _____。 在_____ _____方面，还要努力。				
指导教师点评					

填写人：_____

任务单 7-3-1

班组名称		实训地点		实训时间	
任务名称	发动机润滑系统的技术状况评价				
发动机型号		出厂时间		驱动类型	
检测项目	机油耗油量		机油压力		机油品质
选用检测方法	□ 油尺测定法 □ 质量测定法		□ 观察法 □ 油压表测量法		□ 油滴斑点试验法 □ 不透光度分析法 □ 介电常数分析法 □ 洁净性分析法
检测结果					
原因分析	导致_____的原因是： _____ _____。				
维修方法					
学生小结	通过本次实训知道了_____ _____； 掌握了_____ _____。 在_____ _____方面，还要努力。				
指导教师点评					

填写人：_____

项目八 发动机装配、磨合与试验

任务单 8-1-1

班组名称		实训地点		实训时间	
任务名称		发动机总成大修			
发动机型号		出厂时间		责任人	
组员分工					
准备工作					
装配要点（注意事项）					
装配间隙与螺栓拧紧力矩记录					
学生小结	通过本次实训知道了_____ _____； 掌握了_____ _____。 在_____方面，还要努力。				
指导教师点评					

填写人：_____

任务单 8-2-1

班组名称		实训地点		实训时间	
任务名称		完成对发动机总成大修后的验收			
发动机型号		出厂时间		责任人	
组员分工					
准备工作					
静态检验					
动态检验					
学生小结	通过本次实训知道了_____; 掌握了_____。 在_____方面,还要努力。				
指导教师点评					

填写人:_____

项目九 发动机异响故障的诊断与排除

任务单 9-1-1

班组名称		实训地点		实训时间	
任务名称		发动机异响故障的诊断			
发动机型号		出厂时间		责任人	
组员分工					
确认异响特点	1) 异响的部位在发动机的_____。 2) 响声为：□清脆的敲击声　□沉闷的撞击声音　□金属摩擦声 　　　　　□连续响声　□间歇响声　□空气动力异响　□电磁异响				
确认异响规律	声响随温度_____；声响随负荷_____；声响随转速_____。				
分析判断	根据异响的特点和变化规律可以判断为_____响； 产生的原因为：_____ _____ _____ _____。				
诊断结果					
学生小结	通过本次实训知道了_____ _____； 掌握了_____ _____。 在_____ _____方面，还要努力。				
指导教师点评					

填写人：_____

任务单 9-2-1

班组名称		实训地点		实训时间	
任务名称		对一台有多处异响的发动机进行故障诊断			
发动机型号		出厂时间		责任人	
组员分工					
确认异响特点	1）异响的部位在发动机的＿＿＿＿＿＿＿＿＿＿＿＿＿＿。 2）响声为：□清脆的敲击声　□沉闷的撞击声音　□金属磨擦声 　　　　　　□连续响声　□间歇响声　□空气动力异响　□电磁异响				
确认异响规律	声响随温度＿＿＿＿＿＿；声响随负荷＿＿＿＿＿＿；声响随转速＿＿＿＿＿＿。				
分析判断	根据异响的特点和变化规律可以判断为＿＿＿＿＿＿＿＿＿＿＿＿响； 产生的原因为：＿＿＿＿＿＿＿＿＿＿＿＿＿＿＿＿＿＿＿＿＿＿＿ ＿＿＿＿＿＿＿＿＿＿＿＿＿＿＿＿＿＿＿＿＿＿＿＿＿＿＿＿＿＿＿ ＿＿＿＿＿＿＿＿＿＿＿＿＿＿＿＿＿＿＿＿＿＿＿＿＿＿＿＿＿＿。				
学生小结	通过本次实训知道了＿＿＿＿＿＿＿＿＿＿＿＿＿＿＿＿＿＿＿＿＿ ＿＿＿＿＿＿＿＿＿＿＿＿＿＿＿＿＿＿＿＿＿＿＿＿＿＿＿＿＿＿； 掌握了＿＿＿＿＿＿＿＿＿＿＿＿＿＿＿＿＿＿＿＿＿＿＿＿＿＿＿＿ ＿＿＿＿＿＿＿＿＿＿＿＿＿＿＿＿＿＿＿＿＿＿＿＿＿＿＿＿＿。 在＿＿＿＿＿＿＿＿＿＿＿＿＿＿＿＿＿＿＿＿＿＿＿＿＿＿＿＿＿ ＿＿＿＿＿＿＿＿＿＿＿＿＿＿＿＿＿＿＿＿＿方面，还要努力。				
指导教师点评					

填写人：＿＿＿＿＿＿

第二部分　复习思考题

第二部分　史料与考证

项目一 复习思考题

一、填空题

1. 发动机是一台由多种（　　）和（　　）组成的复杂机器，通常我们将（　　）转化成（　　）的装置称之为发动机。

2. 根据冲程数的不同，往复式活塞发动机可分为（　　）冲程和（　　）冲程发动机。在发动机内部，活塞往复四个（　　）或曲轴旋转（　　）完成一个工作循环的发动机称为四冲程发动机。

3. 根据使用燃料的不同，可将往复式活塞发动机分为（　　）、（　　）、（　　）、（　　）、液化（　　）发动机及（　　）种燃料发动机。

4. 往复式活塞发动机仅有一个气缸称为（　　）发动机，有两个以上气缸称为（　　）发动机。

5. 多缸发动机根据气缸间的排列方式的不同，可分为（　　）式、（　　）式和（　　）型等发动机。

6. 标出下图中发动机基本术语位置名称

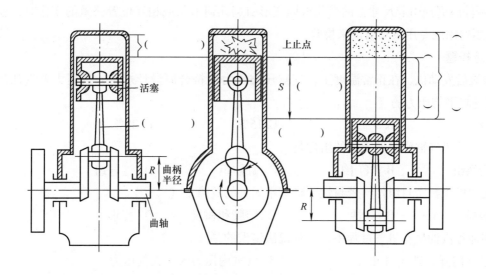

二、判断题（在括号内打√或×）

1. 活塞式内燃机按活塞运动方式的不同，可分为往复式活塞内燃机和旋转式活塞内燃

机。当今汽车发动机一般都采用的是旋转式活塞内燃机。（　　）

2. 活塞往复两个单程或曲轴旋转一圈完成一个工作循环的发动机称为二冲程发动机。
（　　）

3. 根据气缸布置的不同，气缸中心线与水平面垂直、呈一定角度或平行的发动机，可分为立式、斜置式与卧式发动机。（　　）

4. 非增压发动机为进入气缸前的空气或可燃混合气没有经过压气机压缩的发动机，也称为自然吸气式发动机。（　　）

5. 增压发动机为进入气缸前的空气或可燃混合气已经在压气机内压缩，以增大充量温度的发动机。（　　）

6. 汽油发动机是压燃式点火，而柴油机是点燃式点火。（　　）

7. 水冷式发动机一定是以水为冷却介质进行冷却。（　　）

8. 气缸密封性的下降将直接导致发动机的功率下降、油耗增加。（　　）

9. 汽油机与柴油机工作原理基本相同，最大的区别是在做功行程，一个是点燃，另一个是压燃。（　　）

10. 六缸直列发动机的做功顺序是 1－5－3－6－2－4 或 1－4－2－6－3－5。（　　）

11. 汽车维护就是对汽车的修理。（　　）

12. 我国现行的维修制度中规定车辆维修必须贯彻预防为主、定期检测、强制维护、视情修理的原则，其中强制维护是指日常维修作业。（　　）

13. 利用镶套、堆焊、喷涂、电镀等方法，使零件恢复到原来的尺寸，这种修复方法被称之为基准尺寸法。（　　）

14. 探伤法主要是对零件表面的微细裂纹进行检验。（　　）

15. 零件因磨损引起尺寸上的变化或因变形引起几何形状或相互位置公差的变化时，就必须通过用通用或专用量具测量来检验。（　　）

三、选择题

1. 修竣后发动机，在正常温度下，气缸压缩压力应符合原设计规定；其压力差汽油机应不超过各缸平均压力的（　　）。

  A. 8%　　　　　B. 5%　　　　　C. 15%　　　　　D. 20%

2. 与发动机气缸密封性无关的组件是（　　）。

  A. 活塞组　　　B. 气门组　　　C. 缸体组　　　D. 连杆组

3. 发动机气缸密封组件与密封性下降基本无关的故障是（　　）。

  A. 磨损　　　　B. 烧蚀　　　　C. 结胶和积炭　　D. 变形

4. 四冲程汽油机在进气过程中，下列说法错误的是（　　）。

  A. 进气门开，排气门关　　　　B. 气缸内压力大于大气压力

  C. 气缸内温度上升　　　　　　D. 活塞下行

5. 四冲程汽油机在压缩行程中，下列说法错误的是（　　）。

  A. 活塞上行　　　　　　　　　B. 缸内温度不变

C. 进、排气门均关闭　　　　　　D. 缸内气体压力升高

6. 四冲程六缸发动机做功间隔角是（　　）度。
A. 90°　　　　B. 180°　　　　C. 270°　　　　D. 120°

7. 不属于汽车修理作业内容的是（　　）。
A. 汽车大修　　B. 发动机大修　　C. 汽车二级维护　　D. 零件修理

8. 不属于汽车零件技术鉴定检验的方法的是（　　）。
A. 检视法　　B. 测量法　　C. 探伤法　　D. 更换法

9. 对已磨损零件进行机械加工,恢复其正确的几何形状和配合特性,并获得新的几何尺寸,这种修复方法通常称为修理尺寸法。下面不是修理尺寸法作业的是（　　）。
A. 镗缸　　　　B. 磨轴　　　　C. 镶套

10. 下列工具中属于专用工具的是（　　）。
A. 梅花扳手　　B. 轮胎套筒扳手　　C. 钳子　　D. 活扳手

11. 下列工具中属于通用工具的是（　　）。
A. 扭力扳手　　B. 电动扳手　　C. 机油滤清器扳手　　D. 活塞环拆装钳

12. 下列工具中不属于专用工具的是（　　）。
A. 火花塞套筒　　B. 气门拆装钳　　C. 套筒扳手　　D. 汽车举升机

13. 下列工具中不属于通用工具的是（　　）。
A. 滑脂枪　　B. +字旋具　　C. 两用扳手　　D. 锤子（手锤）

14. 下列量具中,测量精度最低的是（　　）。
A. 钢直尺　　B. 游标卡尺　　C. 千分尺　　D. 百分表

15. 只能测量外径尺寸的是（　　）。
A. 刀口形直尺　　B. 外径千分尺　　C. 游标卡尺　　D. 外径百分表

16. 下列量具中,测量精度最高的是（　　）。
A. 钢直尺　　B. 游标卡尺　　C. 千分尺　　D. 百分表

项目二复习思考题

一、填空题

1. 配气机构是控制发动机（　　）和（　　）的装置。其作用是根据发动机的（　　）和各缸工作循环的要求，定时（　　）和（　　）进、排气门，使新鲜可燃混合气（汽油机）或空气（柴油机）（　　）气缸，废气得以（　　）气缸。
2. 正时齿轮的主要操作有（　　）和（　　）、（　　）、（　　）、（　　）。
3. 链传动组件主要失效损伤形式有链条和链轮的（　　）、（　　）、（　　）等。
4. 正时带传动组件的常见损伤有（　　）、（　　）或者（　　）、（　　）等。
5. 凸轮轮廓中，整个轮廓由（　　）、（　　）、（　　）组成。
6. 配气机构的挺柱常出现的主要损伤形式有接触面（　　）、（　　）、（　　）、擦伤划痕。
7. 发动机配气机构的气门组一般由（　　）、（　　）、（　　）、（　　）及锁片或（　　）等组成。
8. 气门弹簧常见的缺陷有弯曲变形（　　）、（　　）、（　　）、（　　）等。
9. VVT-i 智能可变气门正时系统有（　　）、（　　）、（　　）等三种类型。
10. VTEC 系统全称是（　　）和（　　）电子控制系统，是本田的专有技术，它能随发动机转速、负荷、冷却液温度等（　　）的变化，而适当地（　　），使发动机在（　　）均能达到最高效率。

二、判断题（在括号内打√或×）

1. 气缸内残留的废气越多，进气量将会越少。因此会影响发动机的动力性。（　　）
2. 所有汽车发动机的气门组、气门驱动组和传动组结构都相同。（　　）
3. 许多中、高级新型轿车的发动机上普遍采用每缸多气门结构是为了进一步提高气缸的换气性能。（　　）
4. 所有汽车发动机的气门驱动组的构成都是一样的。（　　）
5. 不论链传动或者是带传动，安装时和齿轮传动式一样，都要注意曲轴和凸轮轴正时带轮（或正时链轮）的正时标记。（　　）
6. 链传动与带传动相比，无弹性滑动和打滑现象，平均传动比准确，工作可靠，效率高；传递功率大，过载能力强，相同工况下的传动尺寸小。（　　）
7. 为了防止凸轮轴轴向窜动，凸轮轴必须有轴向定位装置。（　　）
8. 只有用塞尺才能测得凸轮轴轴向间隙值。（　　）
9. 用百分表水平抵住凸轮轴一端，也可测得凸轮轴轴向间隙。（　　）
10. 气门工作锥面起槽、变宽，甚至烧蚀后出现斑点和凹陷时，可以继续使用。（　　）
11. 气门导管内孔与气门杆之间为间隙配合，为防止机油从气门导管与气门杆的间隙中漏入燃烧室，所以设置气门油封。（　　）
12. 气门座的锥角由三部分组成，上、下锥角是用来修正工作（即密封）锥面的宽度和上、下位置的。   (   )

三、选择题

1. 不属于气门组零件的是（   ）。
   A. 气门   B. 气门座或气门座圈
   C. 气门弹簧和气门导管   D. 气门调整螺钉

2. 不属于气门驱动组零件的是（   ）。
   A. 凸轮轴   B. 挺杆（或液压挺柱）和推杆
   C. 摇臂轴和摇臂   D. 气门油封

3. 传动组是按照曲轴与凸轮轴（   ）传动比实现曲轴对凸轮轴的驱动。
   A. 1∶1   B. 2∶1   C. 3∶1   D. 1∶2

4. 下面不属于发动机气门传动组的传动形式的是（   ）。
   A. 齿轮传动式   B. 链传动式   C. 正时带传动式   D. 传动轴传动式

5. 不属于发动机气门传动组零件的是（   ）。
   A. 曲轴正时带轮   B. 凸轮轴正时带轮
   C. 正时带和张紧轮   D. 曲轴带轮

6. 下面不属于正时齿轮（或链轮）损伤形式是（   ）。
   A. 齿面磨损   B. 齿面点蚀或剥落
   C. 轮齿裂纹或断齿   D. 弯曲

7. 下面不属于凸轮轴常见的损伤是（   ）。
   A. 凸轮轴的弯曲变形   B. 支承轴颈表面的磨损
   C. 凸轮轮廓磨损   D. 蚀损

8. 用（   ）测量凸轮轴轴颈的圆度误差和圆柱度误差。
   A. 游标卡尺   B. 外径千分尺   C. 钢板尺   D. 卷尺

9. 不属于顶置式凸轮轴配气机构的驱动组零件是（   ）。
   A. 气门摇臂   B. 气门挺杆   C. 气门推杆   D. 气门调整螺钉

10. 气门导管的作用的正确说法是（   ）。
    A. 给气门的运动导向   B. 保证气门和气门座锥面的精确配合
    C. 为气门杆散热，并将气门杆的热量传给气缸盖
    D. 前三种都正确

11. 气门导管常见的主要损伤不包括（   ）。
    A. 断裂   B. 松脱   C. 磨损   D. 变形

12. 对发动机进气相位角正确描述的是（   ）。
    A. 进气门在进气行程从上止点开始到下止点结束所对应的曲轴转角
    B. 进气门在进气行程前开启的提前角 α 加上进气行程的 180°角
    C. 进气门在进气行程结束后仍然开启的进气迟闭角 β 加上进气行程的 180°角
    D. 进气门在进气行程的 180°角加上进气提前角 α 和进气迟闭角 β

13. 对发动机排气相位角正确描述的是（   ）。
    A. 排气门在排气行程从下止点开始到上止点结束所对应的曲轴转角
    B. 排气门在排气行程前开启的排气提前角 γ 加上排气行程的 180°角
    C. 进气门在进气行程结束后仍然开启的排气迟闭角 δ 加上进气行程的 180°角
    D. 进气门在进气行程的 180°角加上排气提前角 γ 和排气迟闭角 δ

14. 发动机气门叠开角的正确表述是（　　）。
A. $\alpha+\delta$ 　　　B. $\alpha+\gamma$ 　　　C. $\beta+\delta$ 　　　D. $\beta+\gamma$

15. 对 VVT-i 智能可变气门正时系统作用描述正确的是（　　）。
A. 适当地调整配气正时，而不改变配气相位角
B. 既改变配气正时，又改变配气相位角
C. 不改变配气正时，只改变配气相位角
D. 配气正时和配气相位角都不变

项目三复习思考题

一、填空题

1. 曲柄连杆机构是往复活塞式发动机将（　　）转换为（　　）的主要机构，其功用是将燃气作用在（　　）顶上的（　　）转变为（　　），使曲轴产生（　　）通过飞轮向外（　　）转矩动力。
2. 活塞连杆组主要由（　　）、（　　）、（　　）和（　　）等运动件组成。
3. 机体组主要由（　　）、（　　）、（　　）、（　　）和（　　）等组成。
4. 气缸体主要的损伤形式是（　　）、（　　）、（　　）和蚀损。
5. 活塞的结构分为（　　）、（　　）、（　　）三部分。活塞的上顶面为（　　）；顶面与油环下平面之间部分为（　　），活塞的（　　）切有（　　），用于安装（　　），两（　　）之间称为（　　）；油环槽下端面以下的部分为（　　），裙部开有（　　）。
6. 活塞环的材料应具有良好的（　　）、（　　）、（　　）、（　　）和足够的（　　）。
7. 一般要求活塞环局部漏光（＜　　）；最大漏光缝隙不大于（　　）；每环漏光处不超过（　　）处，总漏光度（＜　　）；在活塞环开口处（　　）范围内不允许有漏光现象。
8. 连杆组件在使用中主要的损伤形式有（　　）、（　　）或（　　）、连杆衬套（　　）或（　　）、（　　）损坏等。
9. 全浮式是指在发动机工作温度时，（　　）与（　　）、（　　）与（　　）之间都有（　　），可以相互（　　）。
10. 曲轴的基本结构包括（　　）、（　　）、（　　）、（　　）、（　　）及后端凸缘等。

二、判断题（在括号内打√或×）

1. 做功行程中气体压力越大，发动机动力也越大。但气体压力又是造成机件磨损和损坏的主要因素。　　　　　　　　　　　　　　　　　　　　　　　　　　　　（　　）
2. 惯性力和离心力这两种力在曲柄连杆机构的运动中都存在。　　　　　（　　）
3. 惯性力使曲柄连杆机构的各零件和所有轴颈承受周期性的附加载荷，降低轴承磨损。　　　　　　　　　　　　　　　　　　　　　　　　　　　　　　　（　　）
4. 气缸体上半部有若干个为活塞在其中运动导向的圆柱形空腔，称为曲轴箱。（　　）
5. 平面度误差较大时可采用平面磨床进行磨削加工修复，但加工量不能过大（≤0.5mm）。
6. 气缸磨损规律：沿圆周方向成不规则的倒锥形，沿高度方向成上大下小的椭圆形。　　　　　　　　　　　　　　　　　　　　　　　　　　　　　　　　（　　）
7. 气缸盖罩的主要损伤，一是结合平面翘曲变形；二是局部受外力冲击凹陷变形。　　　　　　　　　　　　　　　　　　　　　　　　　　　　　　　　（　　）

8. 气缸垫安装时一定注意将卷边朝向易修整的接触面或硬平面。（   ）
9. 油底壳内还设有挡油板，防止汽车振动时油面波动过大。（   ）
10. 为防止漏油，油底壳与接合面一定要装密封垫。（   ）
11. 发动机在车架上的支承采用弹性支承，是为了消除汽车在行驶中车架的变形对发动机的影响和减少传给底盘和乘员的振动和噪声。（   ）
12. 活塞的头部切有的环槽，用于安装活塞环，它是活塞的防漏部分。（   ）
13. 活塞裙部的作用是为活塞往复运动导向和承受侧压力，因此越大越好。（   ）
14. 当气缸的磨损超过规定值及活塞发生异常损坏或活塞与气缸配合间隙超过极限值时，要根据气缸的修理尺寸选配更新活塞，以恢复正常的配合间隙。（   ）
15. 油环的作用就是刮除气缸壁上多余的机油。（   ）
16. 选配活塞环时，不必对活塞环弹力、环的漏光度、端隙、侧隙、背隙等进行检测。（   ）
17. 选配活塞销时同一台发动机应选用同一厂牌、同一修理尺寸的成组活塞销。（   ）
18. 连杆与下盖的配对记号应一致并对正即可。（   ）
19. 半浮式是指销与座孔或销与连杆小头两处，一处固定，一处浮动。（   ）
20. 活塞与连杆组装时，注意两者的缸序不得错乱，不用在意安装方向。（   ）

三、选择题

1. 气缸盖紧固螺栓的拆卸顺序是从两边到中间理由是（   ）。
   A. 拆卸方便   B. 释放内部变形应力   C. 避免漏拆螺栓   D. 习惯性拆卸
2. 不属于曲柄连杆机构的组件是（   ）。
   A. 机体组   B. 活塞连杆组   C. 曲轴飞轮组   D. 气门传动组
3. 下面对干式气缸套和湿式气缸套的定义说法正确的是（   ）。
   A. 干式气缸套外壁与冷却液接触，而湿式气缸套也与冷却液直接接触
   B. 干式气缸套是被压入缸体孔中的，而湿式气缸套不是被压入缸体的
   C. 干式气缸套外壁不与冷却液接触，而湿式气缸套也不与冷却液直接接触
   D. 干式气缸套外壁不与冷却液直接接触，而湿式气缸套与冷却液直接接触
4. 气缸体平面变形的检验用（   ）。
   A. 游标卡尺   B. 钢直尺   C. 刀口尺加塞尺 D. 磁座百分表
5. 当气缸体出现（   ）损伤现象时，一般更换。
   A. 气缸壁磨损   B. 缸体平面变形   C. 缸体裂纹   D. 缸体水道蚀损
6. 气缸孔最大磨损部位是活塞处于（   ）对应的气缸壁位置。
   A. 下止点时第一道活塞环   B. 上止点时第一道活塞环
   C. 上止点时第二道活塞环   D. 下止点时第二道活塞环
7. 气缸的圆度、圆柱度和最大磨损量等技术指标，只要有（   ）项不合格，就要修复。
   A. 一   B. 二   C. 三
8. 测量气缸磨损通常使用的检测工具是（   ）。
   A. 磁座百分表   B. 量缸表   C. 内径千分尺   D. 游标卡尺
9. 气缸修理尺寸级差是（   ）mm。

A. 0.5　　　　　B. 1.0　　　　　C. 0.25　　　　　D. 0.20

10. 对气缸垫作用错误描述的是用来保证气缸体与气缸盖结合面间的密封，防止（　　）。

A. 漏气　　　　　B. 漏水　　　　　C. 漏油　　　　　D. 漏电

11. 活塞的变形原因及规律正确描述的是（　　）。

A. 由于活塞的温度高于气缸壁，活塞与气缸的配合间隙变小

B. 由于活塞工作时的温度上高下低，且活塞的壁厚是上厚下薄，活塞膨胀成倒锥形

C. 由于气体压力及销座孔处金属热膨胀量和侧压力作用，活塞裙部圆周方向近似椭圆形

D. 活塞因受气体压力和热膨胀的影响，成上小下大圆锥状变形

12. 对气环的作用错误描述的是（　　）。

A. 保证活塞与气缸壁间的密封　　　　　B. 防止高温、高压的燃气漏入曲轴箱

C. 为活塞运动导向

13. 活塞环装入气缸后不应留有的装配（　　）。

A. 端隙　　　　　B. 侧隙　　　　　C. 背隙　　　　　D. 过盈

14. 发生气环的泵油现象是由于（　　）的存在。

A. 侧隙和端隙　　B. 背隙和端隙　　C. 侧隙和背隙

15. 活塞与连杆的装配应采用热装合方法时，正确的作法是（　　）。

A. 只需要加热活塞　　　　　B. 活塞与连杆都加热

C. 只需要加热连杆　　　　　D. 活塞与连杆都不加热

16. 曲轴常见损伤形式不包括下列哪种形式。（　　）

A. 轴颈磨损　　　　　B. 弯扭变形和裂纹

C. 轴颈表面擦伤和烧伤　　　　　D. 油道堵塞

17. 对曲轴轴颈的磨损检查内容正确描述的是（　　）。

A. 对曲轴短轴颈的磨损只检验圆度误差

B. 对曲轴长轴颈则要检验圆度和圆柱度误差

C. 对曲轴轴颈的磨损只检验磨损量

D. 对轴颈的磨损要检验圆度、圆柱度和磨损量三项

18. 对于飞轮的功用描述正确的是（　　）。

A. 储存能量　　　　　B. 释放能量

C. 传递发动机的转矩　　　　　D. 储存和释放能量并传递转矩

项目四复习思考题

一、填空题

1. 空气供给系统主要由（　　　　）、（　　　　）或（　　　　）、（　　　　）、（　　　　）、（　　　　）和（　　　　）等部件组成。
2. 空气滤清器按滤清方式可分为（　　　　）、（　　　　）和（　　　　）三种。
3. 汽油发动机燃油供给系统由（　　　　）、（　　　　）、（　　　　）、（　　　　）、（　　　　）或（　　　　）、（　　　　）等组成。
4. 电控汽油机的电动燃油泵，其结构基本上是（　　　　）的，都是由（　　　　）、（　　　　）、（　　　　）、（　　　　）和（　　　　）等组成。
5. 喷油器是电控燃油喷射系统中一个重要的（执行元件），其作用是在（　　　　）的控制下，将汽油呈雾状（　　　　）喷入（　　　　）内或缸内燃烧室。

二、判断题（在括号内打√或×）

1. 连续喷射系统和间歇喷射系统均分为同时喷射、分组喷射和顺序喷射。（　　）
2. 汽油喷射系统中 D 型电控燃油喷射系统为质量流量型，而 L 型电控燃油喷射系统为速度密度控制型。（　　）
3. 汽油喷射系统中 L 型电控燃油喷射系统为质量流量型，而 D 型电控燃油喷射系统为速度密度控制型。（　　）
4. 空气供给系统的功用就是测量和控制汽油燃烧时所需的空气量。（　　）
5. 空气供给系统的功用就是为发动机可燃混合气的形成提供必需的空气。（　　）
6. 在用压缩空气吹滤芯清洁时，要注意吹气的方向，不可以由外向内吹。（　　）
7. 汽车空气滤清器一般每行驶 10000～15000km 进行一次常规维护。（　　）
8. 进气歧管与节气门体、进气主管及空气滤清器构成排气通道。（　　）
9. 排气歧管向下与排气管、消声器等连通构成进气通道。（　　）
10. 汽油供给系统作用是根据发动机各工况的要求向发动机供给清洁的、具有适当压力并经精确计量的汽油。（　　）
11. 一般油箱的修复是由专业修复人员作业；若变形不严重，没有泄漏现象可继续使用，严重的更换新件；若轻微渗漏可粘修。（　　）
12. 喷油器是电控燃油喷射系统中唯一一个执行元件。（　　）

三、选择题

1. 按照喷油器安装位置，燃油喷射控制系统可分为（　　）。
   A. 单点喷射和多点喷射　　　　　　　　B. 缸内直喷和缸外喷射
   C. 连续喷射系统和间歇喷射　　　　　　D. 分组喷射和顺序喷射

2. 按照喷油器数量的不同，燃油喷射控制系统可分为（　　）。
   A. 单点喷射和多点喷射　　　　　　B. 缸内直喷和缸外喷射
   C. 连续喷射系统和间歇喷射　　　　D. 分组喷射和顺序喷射
3. 在不同的汽油喷射控制系统中，空气计量方式叙述正确的是（　　）。
   A. L 型电控燃油喷射系统是用空气流量计
   B. L 型电控燃油喷射系统是用压力传感器
   C. D 型电控燃油喷射系统是用空气流量计
   D. L 型和 D 型电控燃油喷射系统用同样的传感器
4. 正确描述空气供给系统功用的是（　　）。
   A. 测量空气量　　　　　　　　　　B. 控制空气量
   C. 提供空气量　　　　　　　　　　D. 提供、测量、控制空气量
5. 空气流量计安装在（　　），并将进入气缸的空气进行直接计量，并把信息输送到 ECU。
   A. 进气歧管上　　　　　　　　　　B. 节气门体与进气歧管之间
   C. 空气滤清器与节气门体之间　　　D. 空气滤清器上
6. 2012 款 Magotan B7L 轿车采用的是（　　）节气门体。
   A. 旁通式　　　　B. 直动式　　　　C. 电子控制式
7. 汽油发动机燃油供给系统的作用是（　　）。
   A. 储存汽油　　　　　　　　　　　B. 输送汽油
   C. 滤清汽油　　　　　　　　　　　D. 储存、输送、滤清、精确计量汽油
8. 油箱在长期使用中不属于常见损伤的现象是（　　）。
   A. 磨损　　　　　B. 变形　　　　C. 隔板开裂　　　　D. 渗漏
9. 电动汽油泵常见的安装位置是（　　）。
   A. 气缸盖上　　　B. 气缸体上　　　C. 汽油滤清器上　　　D. 油箱内或油箱外
10. 更换新的燃油滤清器时应注意燃油滤清器上箭头应该指向（　　）。
    A. 汽油的流向　　　B. 与汽油的流向相反　　　C. 随便
11. 燃油压力调节器的作用是通过（　　），使燃油分配管中的油压与进气歧管中的气压之差保持 250～300kPa 不变。
    A. 油压作用　　　B. 进气负压作用　　　C. 油压和进气负压的共同作用
12. 喷油器在正常工作压力下 15s 常开喷油量一般为（　　），各缸喷油量误差不得超过平均喷油量的（　　）。
    A. 15～45mL，5%　　B. 45～75mL，5%　　C. 45～75mL，10%　　D. 75～95mL，10%

项目五复习思考题

一、填空题

1. 柴油机电控燃油技术是由（　　　　）即（　　　）根据收集到的各（　　　）信息，按（　　　　　）进行计算，通过控制各,（　　　　）例如：（　　　）、（　　　）和（　　　　　）等来控制（　　　　）、（　　　　）、（　　　　）、（　　　　）和其他附加控制功能。

2. 在电控直列泵燃油系统中，由（　　　　）执行机构控制（　　　　）调节齿杆的位置，从而控制（　　　　）；由（　　　）执行机构控制（　　　　）和（　　　　）间的相位差，从而控制（　　　）时间。

3. 电控直列泵的滑套式电控供油正时调节机构由（　　　　）、（　　　　）、（　　　　）齿杆、（　　　　）调节轴、（　　　　　　）等组成。

4. 电控泵喷嘴燃油供给系统低压部分主要包括（　　　　）、（　　　　）、（　　　　）、（　　　　）等。

5. 泵喷嘴电控系统中与之相关的传感器有（　　　　）、（　　　　）、（　　　　）、（　　　　）、（　　　　）、（　　　　）、（　　　　）、（　　　　）、（　　　　　　）。辅助信号有车速信号、（　　　　　）、巡航开关等。

6. 电控共轨喷射系统的主要部件有（　　　　）、（　　　　）、（　　　　）、（　　　　）、（　　　　）、（　　　　）、（　　　　　　　）等。

二、判断题（在括号内打√或×）

1. 电控直列泵燃油系统由调速器执行机构控制调节齿杆的位置，从而控制喷油时间。　　　　　　　　　　　　　　　　　　　　　　　　　　　（　　）

2. 电控直列泵燃油系统由提前器执行机构控制发动机驱动轴和喷油泵凸轮轴间的相位差，从而控制供油量。　　　　　　　　　　　　　　　　　（　　）

3. 电控分配泵燃油系统按喷油量、喷油时间的控制方法可分为两类：位置控制式和时间控制式。　　　　　　　　　　　　　　　　　　　　　　　　　（　　）

4. 电控泵喷嘴燃油供给系统高压部分是指高压泵。　　　　　　　　（　　）

5. 泵喷嘴的功用是在所有工况下，按电子控制单元计算出的时刻，以精确的数量和要求的压力将燃油喷射到发动机气缸内。　　　　　　　　　　　　（　　）

6. 用压电元件作为控制执行元件的喷油器称为压电式喷油器。　　　（　　）

7. 预喷射是指主喷射前百万分之一秒内向缸内喷射大量柴油。　　　（　　）

8. 后喷射的柴油燃烧放出的热量，可提高柴油机在缓燃期和补燃期的温度，从而降低 HC 和 CO 的排放量。　　　　　　　　　　　　　　　　　　　　　（　　）

9. 喷油器电磁阀通电开始时刻决定了喷油的开始时刻，即决定了喷油量。（　　）

10. 喷油器电磁阀通电开始时刻决定了喷油的开始时刻，其通电时间决定喷油量。
   （　　）

三、选择题

1. 在柴油机电控燃油喷射系统中属于电控喷油泵系统的是（　　）。
   A. 电控泵喷嘴系统　　　　　　　B. 电控单缸泵系统
   C. 电控直列泵系统　　　　　　　D. 电控高压共轨喷射系统
2. 在柴油机电控燃油喷射系统中属于电控单体缸泵系统的是（　　）。
   A. 电控分配泵系统　　　　　　　B. 电控泵喷嘴系统
   C. 电控直列泵系统　　　　　　　D. 电控高压共轨喷射系统
3. 在柴油机电控燃油喷射系统中属于电控喷油泵系统的是（　　）。
   A. 电控分配泵系统　　　　　　　B. 电控泵喷嘴系统
   C. 电控单缸泵系统　　　　　　　D. 电控高压共轨喷射系统
4. 在柴油机电控燃油喷射系统中属于电控单缸泵系统的是（　　）。
   A. 电控直列泵系统　　　　　　　B. 电控分配泵系统
   C. 电控单缸泵系统　　　　　　　D. 电控高压共轨喷射系统
5. 在汽油机电控燃油喷射系统中所没有的传感器是（　　）。
   A. 发动机转速传感器　　　　　　B. 齿杆位移传感器
   C. 节气门位置传感器　　　　　　D. 加速踏板位置传感器
6. 在柴油机电控燃油喷射系统中所没有的传感器是（　　）。
   A. 发动机转速传感器　　　　　　B. 齿杆位移传感器
   C. 节气门位置传感器　　　　　　D. 喷油提前角传感器
7. 不属于电控直列泵系统的机构组成是（　　）。
   A. 电控供油正时调节机构　　　　B. 调速器执行机构
   C. 提前器执行机构组成　　　　　D. 供油驱动机构
8. 关于电控泵喷嘴燃油供给系统组成正确描述的是（　　）。
   A. 由低压和高压部分构成　　　　B. 由机械和电控系统组成
   C. 由低压、高压和电控系统组成
9. 电控泵喷嘴燃油供给系统电控系统是指（　　）。
   A. 电控单元　　　　　　　　　　B. 所有相关的传感器
   C. 所有的执行器　　　　　　　　D. 传感器、电控单元及执行元件
10. 泵喷嘴系统的工作过程是由（　　）四个状态行程完成的。
    A. 吸油、预备、输油和残余　　　B. 吸油、预备、喷油和残余
    C. 吸油、预备、输油和喷油及残余
11. 在泵喷嘴电控系统中不属于执行元件的是（　　）。
    A. 喷油器电磁阀　　　　　　　　B. 燃油冷却泵继电器
    C. 预热塞继电器　　　　　　　　D. 强制低挡开关
12. 在泵喷嘴电控系统中属于执行元件的是（　　）。
    A. 空气流量计
    B. 转速传感器

C. 霍尔传感器

D. 废气再循环电磁阀和增压压力控制电磁阀

13. 不属于泵喷嘴电控系统中辅助信号的是（　　）。
    A. 进气歧管翻板转换电磁阀　　　B. 车速信号
    C. 空调开关　　　　　　　　　　D. 巡航开关

14. 后喷射是指在（　　）过程中进行的喷射。
    A. 进气　　　B. 膨胀　　　C. 压缩　　　D. 排气

15. 下面不属于电控高压共轨式燃油系统基本组成元件的是（　　）。
    A. 供油泵　　　B. 共轨　　　C. 手动油泵　　　D. 喷油器

16. 新款奥迪 V6 轿车装用的 3.0L TDI 柴油机采用了（　　）共轨系统。
    A. 电磁式喷油器　　B. 压电式喷油器　　C. 浮力式喷油器　　D. 泵喷嘴

项目六复习思考题

一、填空题
1. 风冷却系统一般由（   ）、（   ）、（   ）、（   ）、（   ）组成。
2. 水冷却系统主要（   ）、（   ）、（   ）、（   ）、（   ）、（   ）、（   ）、（   ）和（   ）及百叶窗等组成。
3. 水冷发动机的气缸盖和气缸体中都铸造出（   ）的、（   ）的（   ），称为水套，其作用是让（ ）接近受热的（   ），并可在其中（   ）。
4. 创新型热量管理系统是针对（   ）和（   ）的一项（ ）冷（ ）和（ ）程序，它可实现（ ）发动机（   ）调节，对冷却液（ ）进行（ ）控制。
5. 离心式水泵一般是由（   ）、（   ）、（   ）、（   ）、（   ）等组成。
6. 散热器主要由（   ）、（   ）、（   ）、（   ）等组成。

二、判断题（在括号内打√或×）
1. 发动机冷却系统的功用是在任何工况下都能保持在适当的温度范围内，这个温度被称为工作温度，一般为85~105℃。（   ）
2. 在温度低于85℃时，蜡式节温器的主阀门处于常开状态；而副阀门处于常闭状态。（   ）
3. 适当的调节水路和冷却的强度，就能保证发动机的正常工作温度。（   ）
4. 水冷系统都是由水泵强制给水（或冷却液）加压使其在冷却系统中循环流动，故称为强制循环式水冷系统。（   ）
5. 创新型发动机热能管理系统是采用精准控制新技术的冷却系统。（   ）
6. 创新型发动机热能管理系统核心组件内的两个旋转阀元件，与N493无关系。（   ）
7. 暖机过程的各个阶段中，两个旋转阀位置是不同的，且每个阶段无缝连接。（   ）
8. 发动机温度调节执行器N493接收到发动机ECU指令信号才能通过电动机驱动旋转阀。（   ）
9. 转向角度传感器的位置信号发生故障，发动机温度调节执行器N493会驱动旋转阀到安全侧，以便达到最大的冷却功效。（   ）
10. 离心水泵工作时，水从叶轮边缘成切线方向口吸入；从叶轮中心所对应口压出。（   ）
11. 水泵水封的作用是防止机油泄漏。（   ）
12. 所有汽车的散热器都装有散热器盖。（   ）

三、选择题

1. 当发动机冷却液温度较低，低于82℃时，冷却液是处于（　　）循环。
   A. 大循环　　　　B. 小循环　　　　C. 混合循环　　　　D. 静态

2. 当发动机冷却液温度高于95℃时，冷却液是处于（　　）循环。
   A. 大循环　　　　B. 小循环　　　　C. 混合循环　　　　D. 静态

3. 当发动机冷却液温度高于82℃，低于95℃时，冷却液是处于（　　）循环。
   A. 大循环　　　　B. 小循环　　　　C. 混合循环　　　　D. 静态

4. 发动机冷却系统冷却液大、小循环的区别是冷却液是否流经（　　）。
   A. 缸盖水套　　　B. 缸体水套　　　C. 散热器　　　　D. 节温器

5. 对发动机工作时的温度正确说法是（　　）。
   A. 温度低好
   B. 温度高好
   C. 温度过低或过高都不好
   D. 温度高和低没关系

6. 在冷却系统中不能够改变散热强度的装置元件是（　　）。
   A. 散热器　　　B. 风扇或电动风扇　　C. 百叶窗　　　D. 节温器

7. 创新型发动机热能管理系统核心元件是（　　）。
   A. 冷却液循环泵V51
   B. 发动机温度调节执行器N493（旋转阀组件）
   C. 散热器

8. 如果旋转阀组件的温度超过（　　）时，紧急恒温器打开通向主水冷却器的旁通阀。
   A. 87℃　　　　B. 107℃　　　　C. 113℃　　　　D. 100℃

9. 创新型发动机热能管理系统的正常工作过程不包括（　　）。
   A. 暖机过程　　B. 温度控制过程　　C. 接续运行模式过程　D. 紧急模式控制过程

10. 创新型发动机热能管理系统在暖机过程中，不属于发动机的运行经过三个阶段的是（　　）。
    A. 静态冷却液
    B. 少量液流
    C. 起动发动机机油冷却器
    D. 接通主冷却器

11. 若发动机ECU没有从发动机温度调节执行器N493接收到任何位置反馈，则它会（　　）。
    A. N493停止工作　　B. 驱动旋转阀　　C. 关闭旋转阀　　D. 停止发动机工作

12. 膨胀罐的作用不包括（　　）。
    A. 为散热器分储冷却液
    B. 吸收蒸气
    C. 补偿冷却液
    D. 协助散热器降温

13. 风扇在冷却系统里的作用是（　　）。
    A. 增加流过散热器的空气量，增强散热强度
    B. 冷却发动机外壳及附件
    C. 增加空气流动速度利于发动机进气
    D. 保证机舱通风

项目七复习思考题

一、填空题

1. 发动机的润滑系统是指将（　　）不断地送入发动机内各（　　　　）表面之间，形成（　　　）实现（　　　）或（　　　）摩擦的一（　　　　）装置。
2. 齿轮式机油泵由（　　）、主动（　　　）、（　　　）、（　　）齿轮、（　　）等组成。
3. 转子式机油泵由（　　　）、（　　）转子、外（　　　）、（　　　）和（　　　）等组成。
4. 润滑系统的作用是（　　）、（　　　）、（　　　）、（　　）、（　　）、（　　）、（　　）等。

二、判断题（在括号内打√或×）

1. 止回阀的作用是防止发动机停机时缸盖油道回流，导致液压挺柱不能正常工作。（　　）
2. 机油泵装减压阀或称安全阀的作用是调整供油压力，防止机油压力过低。（　　）
3. 当滤清器堵塞时，旁通阀打开，将未滤的机油直接送到各润滑部位，确保润滑。（　　）
4. 当发动机冷态或是机油黏度大时，易使机油压力过高造成油泵过载，因此装有安全阀。（　　）
5. 油压开关用以监控润滑系统的油压大小，有高压开关和低压开关之分。（　　）
6. 与主油道串联的滤清器一般为细滤器；与主油道并联的滤清器一般为粗滤器。（　　）
7. 集滤器装在机油泵之前的吸油口端，其作用是防止较小的机械杂质进入机油泵。（　　）
8. 现多采用旋转式纸质折叠滤芯结构封闭式外壳滤清器，达到规定里程后整体更换。（　　）
9. 发动机润滑系统的故障表现形式是机油压力过低或过高。（　　）
10. 机油消耗量过多和机油品质下降等不是发动机润滑系统的故障。（　　）

三、选择题

1. 下列哪些元件属于发动机润滑系统中机油储存与输送装置的元件。（　　　）
 A. 油底壳　　　　B. 集滤器　　　　C. 机油温度表　　　D. 细滤器
 E. 缸体油道　　　F. 机油泵　　　　G. 旁通阀
2. 下列哪些元件属于发动机润滑系统中机油滤清装置。（　　　）
 A. 机油温度表　　B. 集滤器　　　　C. 限压阀　　　　　D. 单向止回阀

E. 警告器　　　F. 粗滤器　　　G. 机油泵

3. 下列哪些元件属于发动机润滑系统中检测报警装置。（　　　）
   A. 机油散热器　　B. 限压阀　　C. 机油量尺　　D. 旁通阀
   E. 机油压力表　　F. 单向止回阀　　G. 报警器

4. 下列哪些元件属于发动机润滑系统中辅助装置。（　　　）
   A. 机油泵　　　B. 粗滤器　　C. 输油管　　　D. 机油压力表
   E. 机油量尺　　F. 机油冷却器　　G. 安全阀

5. 曲轴箱通风装置属于润滑系统中（　　　）中的元件。
   A. 机油储存与输送装置　　　　B. 机油滤清装置
   C. 检测报警装置　　　　　　　D. 辅助装置

6. 下列属于压力润滑的部位是（　　　）。
   A. 正时齿轮副　　　　　　　　B. 曲轴轴颈与轴承
   C. 活塞环与气缸壁　　　　　　D. 气门杆顶部

7. 下列属于飞溅润滑的部位是（　　　）。
   A. 液压挺柱　　　　　　　　　B. 凸轮轴轴颈与轴承
   C. 凸轮轴上的凸轮　　　　　　D. 连杆轴颈与轴承

8. 气门与气门导管的润滑是属于（　　　）。
   A. 压力润滑　　B. 飞溅润滑　　C. 自润滑　　D. 定期润滑

9. 水泵轴承的润滑是属于（　　　）。
   A. 复合式润滑　　B. 飞溅润滑　　C. 定期润滑　　D. 自润滑

10. 活塞环与气缸壁的润滑是属于（　　　）。
    A. 压力润滑　　B. 飞溅润滑　　C. 定期润滑　　D. 复合式润滑

项目八复习思考题

一、判断题（在括号内打√或×）

1. 发动机在装配过程中，活塞连杆组只要组件正确，与气缸孔是否对应没关系。（　）
2. 曲轴主轴承盖和螺栓应按原位安装，不准错位。（　）
3. 对有安装位置要求的零部件则必须根据记号按方向、部件对准，不得错位。（　）
4. 在安装曲轴与凸轮轴的正时齿轮装配时，只要正时齿轮对上标记而与正时齿轮带轮或链条无关。（　）
5. 活塞、连杆及连杆轴承盖是有连接装配方向的，三者的向前标记方向必须一致。（　）
6. 发动机装配时，不能直接用锤子敲击零件表面，必要时垫上铜棒、铜垫等。（　）
7. 发动机上重要的螺栓、螺母必须按规定的拧紧力矩一次性拧紧。（　）
8. 以气缸为装配基础，与拆卸步骤相反，由内到外逐段装配，装配工艺过程相似。（　）
9. 在装配过盈配合组件时，应使用专用压力机、工具和夹具。（　）
10. 发动机装配时，不需要先完成组件和总成装配，再将组件和总成装配到气缸上。（　）
11. 磨合过程其实就是利用零件表面间的摩擦，进行一种特殊加工的过程。（　）
12. 在发动机具体装配过程中，在零部件装配工作工艺顺序允许的情况下，也不可组织平行交叉作业。（　）

二、选择题

1. 气缸盖螺栓、螺母的拧紧需从缸盖（　　），按交叉顺序，逐渐向外分次进行。
   A. 对角开始　　B. 中央起　　C. 一头起　　D. 任意位置起
2. 确保各密封部位的密封，防止漏水、漏油，重要密封部位应涂以（　　）密封胶。
   A. 油漆　　B. 黄干油　　C. AB胶　　D. 密封胶
3. 必须按规定的拧紧力矩一次拧紧的螺栓或螺母是（　　）。
   A. 连杆螺栓　　B. 主轴承盖螺栓　　C. 缸盖螺栓或螺母　　D. 曲轴带轮固定螺栓
4. 发动机磨合是指发动机总成或机构组装后，为改善零件摩擦表面（　　）和表面物理力学性能的过程。
   A. 光洁度　　B. 几何形状　　C. 硬度　　D. 强度
5. 在发动机装配过程中边安装、边检查、边调整是为了（　　）。
   A. 防止出现漏装零件　　B. 保证装配质量
   C. 查找不合格元件　　D. 避免顺序装错

6. 汽车发动机大修质量保证出厂之日起，不少于（   ）个月或行驶不少于（   ）km。

   A. 3，10000　　　B. 1，3000　　　C. 2，5000　　　D. 6，20000

7. 在发动机装配后磨合过程中，将（   ）习惯上称为冷磨。

   A. 无负荷的冷磨合　　　　　　B. 无负荷的热磨合

   C. 有负荷的热磨合

8. 在送修人严格执行走合期的规定、合理使用情况下，质量保证期内出现质量问题，（   ）。

   A. 驾驶员负责　　B. 保险公司　　C. 承修单位包修　　D. 送修人负责

9. 发动机装配完成后，应进行起动性能检查：汽油机在气温3℃以上，柴油机在气温5℃以上时，要求3次，每次（   ）s内能顺利起动。

   A. 5　　　　　　B. 3　　　　　　C. 10　　　　　　D. 15

10. 发动机的主要装配间隙中是采用基轴制确定的间隙是（   ）间隙。

    A. 活塞与缸壁　　　　　　　　B. 曲轴主轴颈与轴承

    C. 连杆轴颈与轴承　　　　　　D. 凸轮轴轴颈与轴承

项目九复习思考题

一、判断题（在括号内打√或×）

1. 发动机正常响声是一种平稳而有节奏、协调而又圆滑的轰鸣声。（　）
2. 发动机运转过程中发出间歇或连续的金属敲击声或连续摩擦声等声响不是异响。（　）
3. 机械异响是由运动副配合间隙过大或配合面有损伤，运转中引起冲击和振动造成的。（　）
4. 活塞与缸套的配合间隙越大，响声也越明显。（　）
5. 发动机的异响变化只与配合间隙大小有关与润滑条件、温度、负荷、转速等无关。（　）
6. 机油油膜越厚，机械冲击就越小，噪声也就越轻，异响就不易发生。（　）
7. 运动速度的频率是异响频率的整数倍时，会产生共振现象，与异响变化无关。（　）
8. 金属零部件受到高温作用引起几何形状变化的同时也会使机油油膜厚变薄，润滑变差。（　）

二、选择题

1. 发动机产生机械异响的主要原因是（　　）。
 A. 零件的磨损　　B. 性能老化　　C. 连接松动　　D. 电气故障
2. 不属于发动机异响的规律特征是（　　）。
 A. 间歇的金属敲击声　　　　　　B. 连续的金属敲击声
 C. 连续摩擦声　　　　　　　　　D. 平稳而有节奏的轰鸣声
3. 发动机运转时发出的敲缸响声，属于（　　）。
 A. 机械异响　　B. 燃烧异响　　C. 空气动力异响　　D. 电磁异响
4. 发动机运转时发出的进气回火和排气放炮响声，属于（　　）。
 A. 机械异响　　B. 燃烧异响　　C. 空气动力异响　　D. 电磁异响
5. 发动机工作时突然加速产生的突爆敲击声响属于（　　）。
 A. 机械异响　　B. 燃烧异响　　C. 空气动力异响　　D. 电磁异响
6. 发动机的异响变化，与（　　）有关。
 A. 配合间隙　　B. 润滑条件　　C. 温度和负荷
 D. 配合间隙、润滑条件、温度、负荷、转速
7. 当润滑、温度、配合间隙和速度等一定时，异响随负荷的增大而（　　）。

A. 减小　　　　　B. 增大　　　　　C. 不变　　　　　D. 消失

8. 当润滑、负荷、配合间隙和速度等一定时，异响随温度的增大而（　　）。

A. 减小　　　　　B. 增大　　　　　C. 不变　　　　　D. 消失

9. 当温度、负荷、配合间隙和速度等一定时，异响随机油黏度的增大而（　　）。

A. 减小　　　　　B. 增大　　　　　C. 不变　　　　　D. 消失

10. 当润滑、温度、负荷和速度等一定时，异响随配合间隙的增大而（　　）。

A. 减小　　　　　B. 增大　　　　　C. 不变　　　　　D. 消失